Action Populaire

SÉRIE SOCIALE

Louis JALABERT.

LE FILM CORRUPTEUR

LA BROCHURE : 1 FRANC

ACTION POPULAIRE
51, rue Saint-Didier
PARIS (16°)

MAISON BLEUE
Rue des Petits-Pères
PARIS (2°)

BUREAUX des ÉTUDES
5, Place St-François Xavier
PARIS (7°)

LA PAIX SOCIALE

par l'Organisation chrétienne du travail

Lettre pastorale de S. G. Mgr GERMAIN, Archevêque de Toulouse

(13° mille). — Prix : 1 fr. franco

Edition adaptée au travail des Cercles d'Etudes

1. — L'Intervention de l'Eglise.
2. — Les Principes de la Paix sociale.
3. — L'Organisation professionnelle.
4. — Syndicat patronal, ouvrier.
5. — La Commission mixte.
6. — Le Contrat collectif.
7. — Les Syndicats féminins.

Prix : 0 fr. 50 ; franco : 0 fr. 60

Petit Manuel d'Education syndicale

par Questions et Réponses

NOUVELLE ÉDITION COMPLÉTÉE. — 80 pages in-32 : 1 fr. 50 *franco*.

I. — L'organisation corporative.
II. — Le contrat de travail.
III. — La grève.
IV. — Syndicats et syndicats.
V. — Les devoirs.
VI. — L'activité syndicale.
VII. — Réponse à quelques difficultés.

80 pages in-32 : 1 franc *franco*

LE GUIDE DES SINISTRÉS

par l'abbé THOUVENIN, directeur des Œuvres du diocèse de Nancy

(12e mille)

Prix : 1 fr. (Franco : 1 fr. 15)

1re Partie. — Réclamation pour dommages de guerre.

CHAPITRE I. — Pour quels dommages et à quels sinistrés est-il permis de réclamer?

CHAPITRE II. — Comment faire sa réclamation? Comment la faire accepter ?

CHAPITRE III. — Quelle indemnité peut-on réclamer? Evaluation des dommages. — Remploi et remplacement.

2° Partie. — Paiement des dommages de guerre.

Titres de paiement. — Paiement en espèces.

Paiement en nature. — Avances.

Achat des immeubles par l'Etat.

Cession et délégation d'indemnité. — Déchéances.

3e Partie. — La Reconstitution.

Avances sur indemnités de guerre.

Avances pour mobiliers.

Avances en nature pour agriculteurs.

Avances pour fonds de roulement.

Avances pour réparations de maisons.

Modèle-Type pour déclarations de dommages de guerre

par L. BOHIN, président de l'Union Lorraine des Syndicats agricoles

(6e mille)

Prix : 1 fr. 25. (Franco : 1 fr. 40)

Le **MODÈLE-TYPE** suit ligne par ligne les feuilles officielles mises par l'administration à la disposition des sinistrés. Il applique les principes contenus dans le *Guide des Sinistrés*.

Avant la guerre, l'A. P. publiait, chaque mois, les organes suivants : — une publication populaire : **Peuple de France** (mens. 16 pp.) ; — une revue trimensuelle, sous trois titres : **Revue de l'Action Populaire, Courrier des Cercles d'Etude, Vie Syndicale** (36 pp.) ; — une grande revue internationale : **Le Mouvement social** (112 pp.).

L'A. P. leur substitue, pour l'instant, une revue nouvelle :

Les DOSSIERS

de l'ACTION POPULAIRE

Organe bi-mensuel d'action sociale et religieuse

Fond et forme, méthode et esprit, les « *Dossiers* » continuent fidèlement les organes qu'ils remplacent, ils ne sont pas une revue documentaire, mais une publication *immédiatement orientée vers l'action.*

Leur originalité tient en ce que tous leurs articles, communications, chroniques, documents, plans, etc., sont livrés sur *feuilles séparées*, ce qui permet à l'abonné de disposer méthodiquement tous ces matériaux dans un « *Dossier-classeur* ».

Cette présentation nouvelle ménage à nos amis un très appréciable avantage : celui de leur mettre en main un véritable *instrument de travail,*

plus *maniable* qu'une *revue ordinaire,*

plus *actuel* et plus *vivant* qu'un *livre,*

aussi *complet* qu'une *encyclopédie.*

La collection des « *Dossiers* », c'est un *Secrétariat social à domicile.*

ABONNEMENT :

France, un an : **15 fr.** Union postale, **20 fr.**

Supplément documentaire et international (16 pp. par nº) : **10 fr.** en sus.

Fiches pour classement : **3 fr.** en sus du premier abonnement (*facultatif*). Etranger, **3 fr. 50.**

Boîte-classeur : **5 fr. 50**, en sus du premier abonnement (*facultatif*).

L'abonnement part du commencement de chaque trimestre. Adresser les commandes et valeurs à *M. l'Administrateur de l'A. P.*, 51, *rue Saint-Didier, Paris* (16º).

NIL OBSTAT,
Parisiis, die 26ª Septembris anº 1921.
H. DU PASSAGE.

IMPRIMATUR,
Parisiis, die 27ª Septembris anº 1921.
ED. THOMAS, V. G.

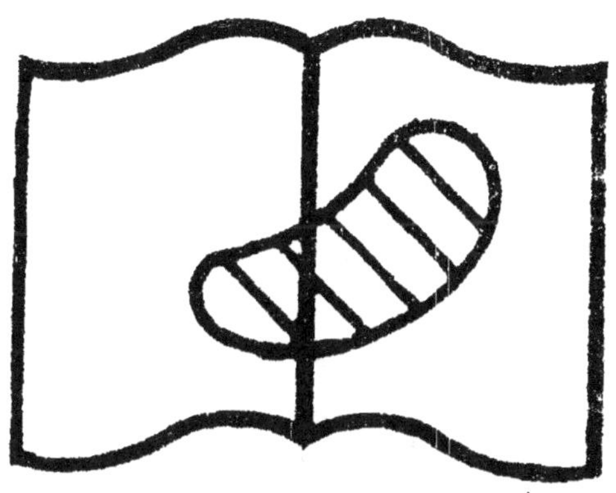

Illisibilité partielle

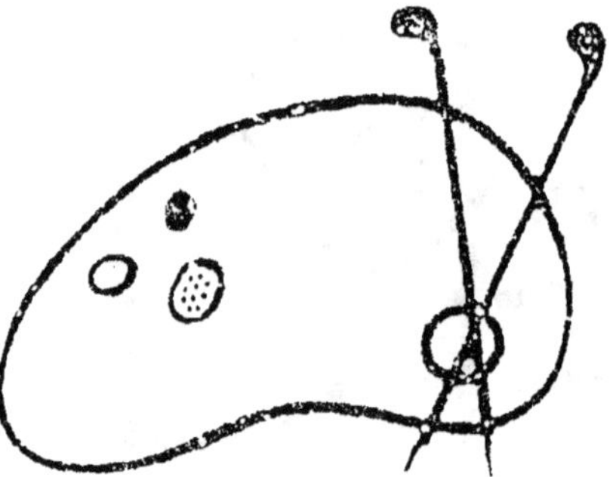

Fin d'une série de documents
en couleur

LE FILM CORRUPTEUR [1]

C'est le 28 décembre 1895. Dans le sous-sol du Grand Café, boulevard des Capucines, quelques désœuvrés inaugurent un divertissement nouveau. Obscurité de cave, coupée par la trouée lumineuse d'un écran de toile. La représentation commence. Dans un pétillement d'étincelles et un grésillement de friture, la toile se peuple de tout un frémissement muet de personnages trépidants comme des épileptiques : ils ne savent pas marcher, ils courent à petits pas saccadés, montent et descendent les escaliers dans un glissement de patineurs ; ils s'arrêtent, gesticulent, décomposant en un tremblotement d'acooliques les gestes les plus élémentaires ; tour à tour, ils se rapetissent ou se dilatent, énormes, prêts à crever l'écran sur lequel ils se précipitent ; brusquement, ils disparaissent pour reparaître subitement, emportés par une frénésie de mouvement. Le cinématographe vient de faire son entrée dans la vie.

La Fortune du Cinéma — On aurait bien surpris les spectateurs de cette « première » d'un nouveau genre, si on leur eût annoncé qu'ils venaient d'être témoins d'un des événements les plus prodigieux de la fin du dix-neuvième siècle ; que la naissance du cinématographe allait marquer une révolution dans l'histoire des spectacles populaires ; bien plus, qu'il y avait là les prémices d'une industrie qui, d'ici peu, laisserait

(1) Cet article a paru dans la revue *Études* du 5 octobre 1921.

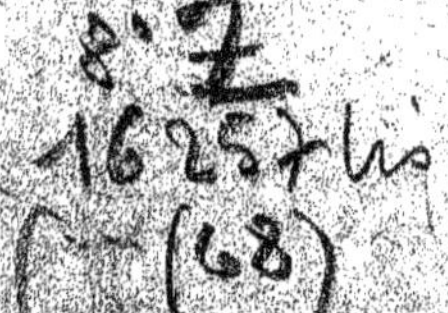

derrière elle toutes les autres. Vingt-cinq ans ont passé depuis : l'événement a donné toute sa mesure, la révolution dépasse tout ce que l'on pouvait prévoir, et l'industrie cinématographique a réalisé des progrès qui défient presque toute créance. Si vous flânez dans les rues, que ce soit dans les grandes artères ou à l'orée des faubourgs, de distance en distance, — quelquefois à moins de cent mètres l'une de l'autre, — de grandes façades aveugles, tout éclatantes de leurs plâtres frais ou de leur badigeon criard, accrochent le regard tels les *Palaces* ou les *Magic Cities* de quelque exposition en permanence. Ce sont les cinémas, les petits et les grands, depuis la boîte faubourienne jusqu'au fastueux « quatre étages » qui s'est vidé de vingt familles pour hospitaliser un écran (1). Pour eux, pas de crise de logement; contre cette invasion, pas de protestation non plus : le cinéma est entré dans les mœurs, il faut bien qu'on lui fasse place, et le locataire évincé ne tiendra pas rigueur à l'expulseur. Il fera queue comme les autres, en matinée, en soirée, pour ne manquer aucun épisode du film sensationnel du jour. Car c'en est fait, le cinéma est devenu une nécessité sociale. Les conversations saisies au passage suffiraient à édifier sur cette fringale de spectacles qui sévit dans tous les milieux, du bourgeois cossu à l'ouvrier, de la midinette à la « dame ». Le cinéma est devenu la passion mondiale. Qu'on en juge par quelques chifffres. Il y a actuellement dans le monde entier 60.000 salles de spectacles consacrées au cinéma (2). Comme de juste, les États-Unis viennent en tête de ligne avec 25.000 cinémas ; on en compte 4.000 en Angleterre, 3.000 en Allemagne, 2.000 en France. Paris, à lui seul, aurait 320 salles, auxquelles s'ajoutent les 180 ouvertes dans la banlieue (3).

(1) Cet abus s'étant renouvelé trop souvent, il a fallu en venir à des mesures législatives. Une loi en projet interdit la transformation en cinémas des immeubles d'habitation. *La Cinématographie française,* n° 135, 4 juin 1921, p. 66.

(2) Certaines de ces salles comptent des milliers de places, tel le « Capitol » de New-York, qui coûta 25 millions de francs et peut recevoir huit mille personnes. Il bat le record du Gaumont-Palace qui passait pour le plus grand cinéma du monde. *La Cinématographie française,* n° 135, 4 juin 1921, p. 8.

(3) J'emprunte ces chiffres au rapport de M. Victor Perrot, publié dans le *Bulletin officiel municipal de la ville de Paris,* 20 juin 1921, p. 434. En ce qui concerne la France, le chiffre de 2.000 est notablement inférieur à

Pour alimenter ces 60,000 écrans, sur lesquels défilent, chaque soir, de 120 à 150 millions de mètres de films, une industrie colossale a pris naissance qui doit pourvoir à la production tant de la matière première que de la matière dramatique ou comique réclamée avec une frénésie de nouveauté et d'inédit par des millions de spectateurs. On estime à 600 millions (1) les capitaux engagés en France dans les entreprises cinématographiques, tout juste 4 p. 100 des 15 milliards dont disposerait le trust mondial du film (2). Par ce chiffre formidable, la denrée cinématographique arrive au troisième rang dans le commerce universel, aussitôt après le blé et le charbon.

Panem et circenses ! Le vieux cri de l'appétit populaire n'a guère varié depuis deux mille ans. Aujourd'hui, la foule, après le pain, et le charbon qui cuira le pain, réclame comme naguère les jeux. Le cirque est passé de mode, on se dédommage devant l'écran. Suivant des évaluations qui ont toute chance d'être exactes, aux États-Unis, un cinquième de la population irait au cinéma tous les jours : voilà, d'un coup, plus de 20 millions de spectateurs quotidiens. A Stockholm, la proportion est loin d'être si élevée : les salles n'abriteraient, chaque soir, que 60 000 personnes, sur une population totale d'un demi-million d'âmes (3). A Paris, où il semble que l'engouement soit moindre encore, on peut évaluer à 50 millions par an le nombre des spectateurs qui s'offrent une soirée ou une matinée cinématographique (4).

la réalité. La revue *Cinéopse* de mai 1921, p. 312, indique l'existence de 2.714 salles en 1920 ; on n'en comptait que 1140 en 1918 : ainsi, en deux ans, le nombre des cinémas a plus que doublé en France.

(1) C'est le calcul de M. le sénateur Étienne Flandin, dans un rapport dont il sera question plus loin.

(2) Cf. rapport, Perrot, *loc. cit.*

(3) Le chiffre brut des recettes des cinémas de Paris s'élevait, en 1917, à un peu plus de 17 millions de francs ; en 1918, il dépassait 26 millions, soit une progression de près de 9 millions, tandis que les recettes des théâtres n'accusaient qu'un excédent d'un million et demi d'une année sur l'autre. *Journal des Débats* du 7 mars 1920.

(4) *Journal des Débats*, 9 avril 1920.

Le Cinéma éducateur Puisqu'il est avéré que l'homme du peuple ne lit pas un livre instructif par an ; que son journal ne lui apporte, en dehors du crime quotidien, que d'incohérentes excitations sociales ou politiques ; qu'il s'écarte d'instinct des réunions où il pourrait apprendre pour ne fréquenter, de loin en loin, que des meetings où tout vise à remuer les passions, il se trouve que, pour des millions d'êtres humains, l'écran est le seul informateur, le seul éducateur, le seul inspirateur.

Malheureusement, le cinéma, qui pourrait être un instrument d'éducation si précieux, est devenu, aux mains de ceux qui en trafiquent, un agent de démoralisation d'autant plus dangereux qu'il agit plus puissamment sur l'imagination. C'est ce que nous voudrions montrer en établissant sa part de responsabilité dans la recrudescence de la criminalité, dans la baisse de la morale publique, et dans l'exaspération maladive de la sensibilité que les médecins ne sont pas seuls à dénoncer. Aux maux, nous essayerons ensuite de trouver des remèdes.

I. — LE MAL
1. — L'École du Crime

La Marée montante du Crime C'est un fait officiellement constaté que le nombre des enfants criminels ou délinquants a subi, au cours de ces dernières années, une progression inquiétante, sans égale jusqu'ici dans les fastes de la justice. C'est ainsi que le chiffre des cas jugés par le tribunal des enfants a passé de 2 895, en 1918, à 5 647, l'année suivante (1).

Les pouvoirs publics s'en sont émus. Ils ont ordonné des enquêtes (2). On s'est adressé aux préfets, aux procureurs généraux, aux recteurs d'Universités. Or, il est à remarquer que presque tous ceux qui ont été consultés se sont accordés

(1) Chiffres donnés par le procureur de la République M. Scherdlin. *Le Petit Parisien* du 6 décembre 1920.

(2) J'emprunte les extraits qui vont suivre à un rapport de M. le sénateur Étienne Flandin, rapport présenté à M. le Ministre de l'Instruction publique, au nom de la Commission de réglementation et du perfectionnement du cinématographe. Ce document inédit m'a été communiqué par l'auteur que je prie de trouver ici l'expression de ma respectueuse gratitude.

à dénoncer la désastreuse influence qu'exerce sur le développement de la criminalité la fréquentation des représentations cinématographiques reproduisant les exploits de malfaiteurs.

Les rapports des procureurs généraux, principalement ceux d'Aix, de Besançon, de Dijon, de Grenoble, de Rennes, de Toulouse, ont signalé la constitution, dans de nombreuses localités, de bandes de jeunes gens de quatorze à dix-huit ans qui terrorisaient les faubourgs, arrêtaient les passants, dévalisaient les magasins en couvrant leur visage d'un masque et en faisant usage des procédés qu'ils ont reconnu, devant la justice, « avoir appris au cinéma ».

Un exemple Veut-on un exemple ? « C'est surtout à Albi, écrit le procureur général de Toulouse, que l'influence délétère du cinématographe sur la criminalité des mineurs s'est révélée dans des conditions de gravité préoccupantes. Suggestionnés par les représentations cinématographiques, dont ils étaient les spectateurs assidus, et copiant exactement les procédés dont usaient les acteurs des drames policiers qu'ils voyaient chaque soir reproduits sous leurs yeux, quinze mineurs se sont réunis dans le chef-lieu du Tarn et ont commis un minimum de soixante-dix crimes ou délits qui ont été déférés à la cour d'assises ou au tribunal correctionnel. Constitués en bande organisée, qu'ils avaient nommée « la cravate noire », plusieurs d'entre eux étaient porteurs de revolvers et de cagoules noires... Ils commettaient généralement leurs méfaits à la sortie même des salles de spectacles. C'est par un simple hasard (l'impossibilité où ils se sont trouvés de crocheter une porte) que ces malheureux n'ont pas commis, sur deux vieillards aisés et vivant seuls, le double assassinat qu'ils avaient projeté... Tous ont reconnu avoir agi sous l'influence des représentations cinématographiques. »

Les rapports des préfets et des recteurs ne sont pas moins affirmatifs. Eux aussi signalent « l'existence de jeunes vauriens employant leurs loisirs à imiter les exploits de certains héros de cinéma ».

Les mœurs de la gent écolière participent elles-mêmes à cette contagion du crime et à cet appétit du meurtre. « Les films policiers ou d'aventures, écrit le directeur de l'école de garçons de Maisons-Laffitte, impressionnent les élèves à tel point que leurs jeux s'en ressentent. On les voit s'armer de poignards, de couteaux, de revolvers. A l'école, il faut une surveillance intense ; au dehors, les luttes dégénèrent en violents combats. Les conversations reflètent les impressions reçues au cinéma. L'esprit est tout à fait faussé. »

La presse a fait écho aux griefs signalés par ces rapports officiels (1). Et non seulement celle qui représente les idées d'ordre. On n'aura pas été peu surpris de rencontrer dans un organe extrémiste tel que *la Bataille* une phrase comme celle-ci : « Une séance cinématographique est le plus souvent la plus belle leçon de choses que puisse prendre un élève voleur ou un apprenti assassin » (2). La même formule ou peu s'en faut se retrouvait sous la plume des jurés de la cour d'assises du Nord qui signalaient, dans un vœu remis au président de la Cour, la « véritable école de crime » que constitue la projection de films reproduisant des scènes de vol à main armée et de meurtre.

Comment on devient assassin Le fait est donc indéniable. Trop souvent le cinématographe a été pour beaucoup de jeunes une école de perversion jusqu'au crime. Si nous avons voulu couvrir cette assertion de l'autorité de personnages en charge, pas n'est besoin d'être préfet, procureur général ou recteur d'Université pour s'expliquer comment, devant l'écran, la pensée du crime a pu naître dans tant de pauvres cerveaux de jeunes gens ou d'enfants et s'y préciser jusqu'à devenir impérieuse et à pousser à la réalisation. Le petit garçon boucher, qui a senti son cœur se soulever et la sueur perler à ses tempes en voyant trancher la gorge à son premier veau, sentira peu à peu ses nerfs se raffermir et, à son tour, il saignera proprement, avec toute la tranquillité de

(1) Voir notamment l'*Éclair* du 9 août 1920; *la Libre Parole* du 7 octobre 1920, trois articles de *la Bataille*, des 13, 17 et 21 juin 1921, intitulés : *le Cinéma corrupteur ; le Cinéma école de crime; le Cinéma démoralisateur.*

(2) *La Bataille* du 13 juin 1920 : article de Legris, secrétaire de la Fédération du spectacle.

l'ouvrier rompu à sa tâche quotidienne. il en va presque de
même du vol ou de l'assassinat. On s'y habitue à force d'en
être témoin, Qu'il cesse d'être le forfait secret dont le récit
suscite un frisson où il entre presque autant d'horreur
physique que de répulsion morale, qu'il s'étale au grand
jour, qu'il revienne deux ou trois fois par soirée sur l'écran,
et le voilà qui peu à peu cesse d'être cette chose horrible dont la
seule pensée révoltait. Il s'atténue d'ailleurs : le sang qui
s'épand en mare noirâtre sur l'écran n'est plus celui qui colle
aux doigts et dont l'odeur fade chavire le cœur. On
s'accoutume à le voir jaillir. La première horreur physique est
domptée. Il y a plus : le crime ainsi représenté, le crime
travaillé, monté en scénario, le crime qui dénoue avec
à-propos une situation sans issue se pare d'un certain pres-
tige brutal d'audace, de force, de réussite. Il n'en faut pas
davantage pour que la répulsion instinctive très vite s'atténue
et qu'on s'habitue mentalement aux gestes de violence qui
réussissent si bien à ceux dont on a admiré les exploits.
Vienne un jour où la pensée criminelle visitera un de ces
cerveaux grisés de tels spectacles, elle ne trouvera plus dans
l'horreur instinctive que le mal suscite en toute âme équilibrée
un premier cran d'arrêt; le frisson moral de la conscience
tant de fois réfréné ne jouera pas non plus. Et comme la
mauvaise action pourra apparaître comme une ressource ou
même comme un sport plus excitant que les autres, la manie
imitatrice sera déclenchée, et le jeune coupable reproduira
automatiquement les gestes qu'il a appris sur l'écran. Vol ou
crime, c'est tout un, avec cette différence cependant que le vol
est plus facile et la tentation plus courante, et que la conscience, qui se défend mieux contre le geste qui tue, laisse plus
facilement passer celui qui s'arrête au portefeuille.

2. — Le péril pour les mœurs

Si la criminalité est en hausse, la moralité publique est en
baisse. Les deux mouvements sont, du reste, solidaires l'un de
l'autre. Devant cette constatation désolante, il importe de
remonter aux causes et de faire la part des responsabilités.
Nous n'oublions ni les excitations de la littérature, de la

littérature populaire surtout, ni les séductions du théâtre qui, plus que jamais, s'est affranchi de toute retenue pour condescendre au besoin de jouir, ni l'abus des stupéfiants qui donnent aux passions une frénésie d'exigences morbides. Mais c'est le cinéma qui est en cause et c'est sa part de responsabilité qu'il s'agit de marquer dans cet universel débridement de « l'âme en folie ».

La leçon de Vice Je veux bien que, chez nous, le film se soit assez généralement abstenu de cette initiation directe au vice que nous voyons signaler ailleurs sur l'écran. Admettons que la propagande bolcheviste de Bela Kun et que les films soi-disant éducateurs de la Germanie — *Aufklaerungsfilms* (1) — aient gardé le monopole des honteuses exhibitions dont on souillait les regards des adolescents hongrois (2) ou qui font baver les Berlinois (3). Nous avons cependant vu les affiches annoncer la mise à l'écran de *Prostituée* de Victor Marguerite, et des papillons suggestifs signaler en termes calculés « l'intérêt documentaire » de pareille leçon de choses. Ce n'est là, je veux le croire, qu'une honteuse exception dont la police aura fait relativement prompte justice.

Mais elle a laissé s'étaler les titres prometteurs de films prétendus artistiques qui couvraient d'un hypocrite prétexte de reconstitutions historiques des scènes de volupté et d'orgie. Je cite au hasard *la Sultane de l'Amour*, *Vénus*, *Aphrodite*, *Salomé*. Je m'en voudrais de détailler le scénario de pareilles ignominies. Qu'il suffise de dire qu'il se dégage de ces scènes de frénésie sensuelle un appel si direct aux satisfactions immédiates que de tels spectacles constituent un attentat qualifié aux mœurs.

Pas plus que le théâtre, le cinéma n'a reculé devant l'exhibition de la nudité (4). N'a-t-on pas vu une œuvre d'apparence

(1) Sur ces films d'initiation (on entend de laquelle il s'agit), voir la *Cinématographie française*, n° 135, p. 23.

(2) Voir les articles d'Aloys Stauder (*Études*, 5 mai 1920, p. 331) et des frères Tharaud (*Revue des Deux Mondes*, 1ᵉʳ juin, 1921 p. 620).

(3) Lire *l'Éclair* du 28 janvier 1921.

(4) Voir un aveu singulier dans la *Cinématographie française*, n° du 14 août 1920.

innocente (*l'Oiseau bleu*), que Pathé louait pour séances de patronages, rendue scandaleuse par l'apparition impudique d'une femme nue ? Sans aller jusque-là, à quélles provocations n'aura-t-on pas condamné Stacia Napierkowska, l'actrice chargée de tenir, dans *l'Atlantide*, le personnage d'Antinéa, pour faire ressentir au public « l'attirance presque animale » qui se dégageait de cette femme (1).

Et quand on songe que c'est dans l'obscurité complice que se délivrent de si troublantes leçons ; qu'enfants, jeunes gens et jeunes filles sont à la merci de voisinages inquiétants, imprévus ou délibérément choisis ; que le mal, enfin, se passe de maître ou qu'il suffit d'un tour de main pour l'enseigner à qui l'ignore, peut-on calculer la somme de ruines morales que représente un de ces spectacles d'où émanent comme des effluves de luxure ?

Mais, dira-t-on, ce sont là exceptionnels méfaits. Qu'on raye du répertoire certains films particulièrement osés, il n'en faut pas davantage pour assainir l'écran et pour dégager la complicité du cinéma de la baisse des mœurs que vous signaliez tout à l'heure. Il n'en est rien cependant. Qu'on épargne aux spectateurs les nudités suggestives ou la brutalité des scènes d'alcôve ; qu'on supprime ces thèses troublantes qui se déroulent dans une atmosphère d'ignominie morale ; qu'on nous débarrasse de *Boue* ou de *Fièvre*, les mœurs n'en resteront pas moins en péril.

L'Amour et le Geste   Drame, roman, comédie sentimentale, la pièce cinématographique ne connaît qu'un unique ressort ; des vieilles passions aristotéliciennes, elle n'a retenu que la plus élémentaire à la fois et la plus riche de ressources dramatiques, l'amour. Généreux ou égoïste, attendri ou passionné, désintéressé ou jaloux, candide ou criminel, c'est lui l'universel *Deux ex machina* qui mène, complique et dénoue toutes les intrigues. Or, à peine est-il besoin de le dire, si, à la scène, le spectacle de l'amour constitue déjà un péril pour les imaginations et un piège pour les cœurs, quel ne sera pas le danger quand, à la scène, est

(1) Je n'osa transcrire ici ce que je lis dans *le Courrier cinématographique*, n° 24, 11 juin 1921 ; p. 6. C'est simplement honteux.

substitué l'écran ? Dans la parole, le sentiment le plus violent trouve un vêtement où il se drape ; les cris les plus passionnés gardent encore un reste de pudeur élémentaire : l'âme ne parle directement qu'à l'âme, sous le voile plus ou moins transparent des mots, et ce n'est que par une sorte de choc en retour que les sens sont atteints.

Mais voici devant nous une scène silencieuse et, sur la transparence de l'écran, la gesticulation de mimes muets. Au voile flottant des mots qui gardent toujours quelque chose de leur origine spirituelle, succèdent la nudité et la précision matérielle du geste. Pour arriver jusqu'à l'âme, le sentiment ne peut plus emprunter que le chemin scabreux des sens. Il lui faudra se matérialiser, se ramener à quelques attitudes plus parlantes, emprunter le langage des yeux, des mains, de tout le corps. Plus il voudra être compris, plus il faudra qu'il accuse cet élément sensuel en qui réside tout le danger, et, il faut bien le dire, son attrait le plus prenant.

Mis au service d'une passion normale, d'un amour légitime, ce moyen d'expression serait déjà un péril, en raison même de son indiscrétion qui ne laisse subsister aucun mystère et déflore toute pudeur. Mais, il faut bien le reconnaître, c'est de tout autre amour que le geste cinématographique se fait l'interprète. Repassez tout le répertoire prétendu honnête : pour un amour avouable, vous en rencontrerez dix ou vingt qui narguent lois, convenances et morale. Sur l'écran, hélas ! comme au théâtre, il n'y a que deux acteurs : la femme et l'amant. Ajoutez à ce thème uniforme de l'adultère tout ce que la vie irrégulière comporte de honteux marchandages et de douloureuses hypocrisies ; pour mettre un peu de variété dans cette triste monotonie, ramenez les thèses, chères au romantisme, du droit sacré à l'amour et de la passion qui rachète et purifie, et vous aurez tout le répertoire dramatique du cinéma. Cela s'appellera, si vous voulez : *Être aimé pour soi-même*, le *Cœur et la Petite-Main*, *Innocente et coupable*, les *Femmes des autres*, les *Marches qui craquent*, l'*Idéal qui passe*, les *Yeux dans la nuit*, l'*Amour rénovateur* ; à une nuance près de cynisme (1) ou de sentimentalité, ce sera toujours la même chose.

(1) *Quand on aime !* est un des plus tristes spécimens de ces passions tragiques jusqu'au crime. L'affiche qui l'annonce mérite d'être citée : sa

Fatalité et Irréligion — Parfois un metteur en scène brise la formule et s'évade du cadre dans lequel perpétuellement tournent les industriels du film pathétique. Ces audaces sont pires que les autres, car souvent elles s'attaquent aux sentiments les plus respectables et battent en brèche les fondements mêmes de la moralité et de la religion. L'amour est une passion fatale : on nous l'a assez prêché, on nous l'a surtout assez montré ; mais ce n'est là, paraît-il, qu'un des liens qui enserrent notre prétendue liberté. Esclaves, nous le sommes ; des forces cachées nous maîtrisent et nous entraînent dans un tourbillon fatal auquel il est vain de prétendre se soustraire. Voyez *Houdini, le maître du mystère* et vingt films semblables : vous verrez se dissoudre toute autonomie de la volonté. La personnalité elle-même s'absorbe dans les rêves insensés de la métempsycose : *le Sang des immortelles* est la plus représentative de ces hallucinantes folies où achève de sombrer tout sentiment de liberté et de responsabilité.

On peut juger de ce qui survivra de morale à ces négations, répétées sous maintes formes de la liberté. Une certaine décence extérieure, un reste de bonté naturelle, parfois un vernis de stoïcisme, voilà à peu près à quoi se ramène la moralité du cinéma. C'est celle des sépulcres blanchis. De religion, il n'est guère question. Le Dieu des bonnes gens est peut-être le seul qui soit, de loin en loin, invoqué. Il est peu gênant, il s'accommode de toutes les humaines faiblesses, et ce n'est pas lui qui relèvera cette pauvre humanité en proie à ses passions et tout assoiffée de réalités matérielles. Cette neutralité est déjà une trahison. Elle diminue la vie et cantonne les âmes sur la terre. Le film, hélas ! ne s'est pas toujours tenu sur cette réserve dont le moindre danger est de déshabituer les âmes de la vérité religieuse et d'effacer peu à peu le

transcription vaudra une flétrissure. « Un homme et une femme ont signé un pacte : N'aimant, ne voulant sur la terre qu'une femme, Sabine Lambertier, à laquelle j'appartiens corps et âme, considérant que la vie n'est rien sans la richesse, je fais le serment d'épouser la femme qu'elle me désignera et de l'immoler ensuite à l'heure qu'elle choisira, heureux de donner ainsi à ma maîtresse adorée cette preuve de mon inextinguible amour, Signé : Maxime Quevilly ». (Cité dans *le Réveil social savoyard*, 26 juin 1920).

sentiment des obligations qui pèsent sur toute conscience. Il s'est fait agressif et n'a pas plus épargné la religion que la morale. Obéissant à des préoccupations de combat, dont on n'a pas tort de rechercher le mot d'ordre dans cette campagne judéo-maçonnique qui s'attaque partout à la religion catholique, le cinéma s'est plus d'une fois attaché à la déconsidérer. *Intolérance*, un film américain qui a fait le tour du monde, constitue la plus redoutable et la plus malfaisante de ces machines de combat dressées contre l'Église. On ne saurait évaluer le mal produit par cette apologétique à rebours. Mille fois des pamphlets avaient ressassé les mêmes infamies; mais leur éloquence était impuissante auprès de la suggestion persuasive émanée de ces scènes mensongères. Elles empruntent à la représentation directe une sorte d'autorité profondément impressionnante pour le simplisme populaire.

On ne détruit que ce que l'on remplace. Les adversaires de la religion catholique n'ont pas à l'apprendre. C'est à cette préoccupation que répond l'active propagande qui cherche à vulgariser dans les masses les formes les plus attirantes des religions nouvelles que prétendent être le spiritisme et la théosophie. Le cinéma a été réquisitionné aussi bien que l'annonce, l'affiche, la conférence, le tract, la brochure. A l'appétit de surnaturel qui subsiste malgré tout au fond des âmes imprégnées de tout un atavisme de catholicisme, des films offrent l'évangile nouveau d'un au-delà accessible à toutes les curiosités, de mystères troublants qui affolent les imaginations et détraquent les sensibilités. A supposer que la religion nouvelle recueille peu d'adeptes, pour un « converti », que de têtes troublées, que d'âmes désaxées !

3. — L'usure nerveuse

Inspirateur du crime, propagateur des mauvaises mœurs, dangereux même pour la foi, le cinéma met encore en péril la santé de l'âme. C'est là son méfait le plus général et, en un certain sens, le plus inquiétant, car ce péril, presque indépendant de la valeur morale, se retrouve dans des œuvres d'apparence inoffensive. C'est une sorte de loi du genre : il s'en dégage une excitation morbide qui lentement ruine l'équilibre normal de l'âme.

Le danger du Factice et de l'Irréel Maintes fois, on a accusé le roman de tourner les têtes et l'on a signalé ses ravages surtout dans le milieu féminin populaire. Lassée de la monotonie de sa tâche et de la médiocrité de son sort, l'ouvrière demande au feuilleton romanesque la revanche des mesquineries de la vie quotidienne. Rêve tant qu'on voudra, cette familiarité avec ces héros de roman dans les songeries mélancoliques qui prolongent la lecture ; vaine chimère, cette vie facile, comblée dont la description suscite de douloureuses comparaisons ; illusion surtout, cet amour prodigue de caresses et prometteur de bonheur ; mais ce rêve est si doux, ces chimères semblent si peu chimériques, cette illusion trompe si bien les besoins du cœur !

Si la lecture, qui, cependant, requiert un effort d'imagination, agit à ce point sur le populaire, que dire du cinéma ? Ce besoin de factice, cette passion de l'irréel trouvent leur satisfaction devant l'écran. Cette fois, pour de bon, c'est le rêve éveillé. L'homme cultivé a déjà une certaine peine à se défendre de la séduction de l'image ; le peuple, lui, n'y va pas par quatre chemins. Aucune convention ne le déroute. Du moment qu'il voit, c'est la réalité qu'il s'imagine avoir sous les yeux Devant le défilé de la garde prétorienne, morceau de choix d'un film quelconque consacré à Néron, une jeune femme impressionnée s'extasiait : « C'est égal, il y avait tout de même des gars plus costauds que maintenant, en ce temps-là (1) ». Comme cette spectatrice naïve, le populaire croit tout de suite que c'est arrivé. Allez donc maintenant le mettre en défense contre les exhibitions du film qui a la prétention de représenter la vie.. Démontrez-lui que nous subissons la vie, que c'est elle qui nous mène, qu'avec elle nous avons affaire à plus fort que nous, que son étreinte nous saisit et que, bon gré mal gré, nous subissons sa loi qui est celle du plus fort. Il ne vous croira pas. Vous parlez, vous discutez ; devant l'écran, il voit, il sent.

(1) *L'Action française* du 17 mai 1920.

Or, la vie qu'on lui montre se règle comme un scénario, la volonté l'arrange à sa guise ; les événements peuvent se compliquer, former barrâge, ils sont toujours dominés par une loi mécanique qui favorise l'homme et qui finit par tout arranger. C'est ainsi que de l'écran se dégage une philosophie confuse, toute pétrie d'optimisme romanesque, qui fausse la notion même de la vie et rend plus triste le retour à la réalité, plus douloureux les inévitables froissements qui sont la loi commune de l'existence réelle. Et c'est ainsi que, dans les palais en carton du rêve, se nourrit et s'exaspère la révolte latente qui toujours finit par sourdre du fond des âmes mécontentes. N'est-ce pas à peu près la même idée qui dictait à un collaborateur de *la Bataille* cette phrase si sensée qu'on est surpris de retrouver en première page d'un organe cégétiste ? « Rien de naturel, rien de vrai, rien de sain n'émane de l'écran. Tout y est truqué, invraisemblable, et c'est une immoralité que de faire naître dans de jeunes cervelles d'irréalisables espoirs (1) ».

La séduction de l'Aventure — Du spectacle qui fausse la notion de la vie, naît un second danger qui, comme le premier, travaille à détruire l'équilibre normal de l'âme. Tout est prose dans la vie, surtout dans la vie laborieuse, celle qui est le lot forcé de l'immense majorité des hommes. Les jours se suivent et se ressemblent, ramenant sans trêve les mêmes devoirs, les mêmes tâches, les mêmes gestes ; rien ne vient rompre la monotonie de cette grisaille. Combien différente est la vie factice de l'écran ! Là tout est imprévu, tout est aventure ; c'est la variété dans tout ce qu'elle a de plus séduisant, et de plus désirable. Aussi, imaginez le dépaysement de ces âmes qu'une illusion passionnément poursuivie a promenées, une heure chaque soir, au mirifique pays de l'aventure, lorsque, au sortir de cette féerie, elles reprennent durement contact avec les monotones réalités de la terne vie quotidienne ! Les déclassés souffrent toujours d'être sortis de leur milieu, les antennes de leur sensibilité palpent de l'inconnu et se rétractent douloureusement. Ainsi en va-t-il des

(1) *La Bataille* du 24 juin 1920.

âmes arrachées à leurs ambiances, ainsi en va-t-il des âmes que le cinéma façonne à des goûts que rien ne satisfera, à des besoins que tout trahira dans la médiocrité où elles sont contraintes de continuer de vivre.

Nous ne craindrons pas d'aller plus loin encore. Les représentations cinématographiques, — et c'est là le péril auquel fatalement conduit un jour ou l'autre le simple film d'aventures, — ces représentations fatiguent et usent les ressorts mêmes de l'âme.

C'est la loi de tous les excitants. La faible dose, par laquelle vous avez commencé et qui suffisait à vous donner un bien-être factice, ne tarde pas à devenir inefficace. Le système nerveux s'y est accoutumé, il ne réagit plus; instinctivement, on double la mesure, sans se douter de la désagrégation profonde que l'excitant — qui est toujours un poison — produit au sein des cellules nerveuses. Un jour viendra où un dernier excès révélera le délabrement de l'organisme soumis à des chocs trop forts et trop multipliés. Réparera-t-il les ruines de cette usure prématurée ?

L'excitant de l'aventure n'agit pas différemment sur les nerfs et sur l'âme qui, de son poste d'observation, capte toutes les vibrations qui lui viennent du dehors. La première vision d'aventures émeut délicieusement : c'est d'abord une façon d'échapper à la platitude de l'existence courante ; puis, il y a à frôler ces dangers imaginaires contre lesquels on se sent en parfaite sécurité, un léger frisson, qui n'est plus de la peur, puisque, précisément, on se sait à couvert, mais qui en garde l'imprévu et la délicieuse secousse. Les enfants aiment à ce qu'on leur fasse peur, et ils ne rient jamais de si bon cœur que lorsque, pour répondre à leurs supplications, un cri inattendu, une brusque commotion, le geste d'une menace irréalisable leur ont donné la sensation d'une apparence de danger. Ce plaisir de la peur tient au contraste instantanément perçu entre la menace — qui n'est que pour rire — et la sécurité — qui est pour de bon; — c'est la revanche du système nerveux qui se réjouit à sa façon de l'avoir échappée belle.

Grands enfants, nous aimons à ce que l'on nous fasse peur, et c'est, bien plus que la curiosité, ce qui nous fait nous délecter devant la corde de l'équilibriste, le saut périlleux du gymnaste, ou l'écran sur lequel on nous « tourne » un roman d'aventures. Malheureusement, on se blase assez vite. Pour continuer ; émouvoir, il faut que les spectacles de ce genre soient incessamment renouvelés ; qu'à l'inédit succède du plus inédit ; à l'inattendu, du plus inattendu ; à l'étrange, du plus étrange à à l'horrible, du plus horrible.

Les Brutalités de l'écran. Le champ ne demeure pas cependant indéfiniment libre devant l'imagination des metteurs en scène. Sous prétexte de relever notre plaisir, ils n'ont pas le droit de s'abandonner sans frein à la frénésie de leurs inventions, quitte à émousser notre goût en prétendant le réveiller ou à user notre résistance nerveuse en la poussant à bout à grands renforts de brutalités. Il faut avouer qu'ils ne se soucient guère de cette responsabilité grave entre toutes, et que peu leur importent les moyens pourvu que le film remplisse les salles et fasse le tour du monde.

Certains films — et ils sont plus nombreux qu'on n'imagine — sont une véritable débauche d'horreurs. Un des derniers qu'on ait mis à l'écran, *Voleur de femmes* (1), semble avoir battu le record dans le fantastique et dans l'horrible. Je passe sur le rapt plus ou moins dramatique de treize jeunes femmes ou fiancées devenues prisonnières du madhi qui opère ses rafles savantes à l'aide d'un sous-marin et avec le concours des auxiliaires les plus invraisemblables. Ne nous montrons pas trop sévères pour les combats en avion, ni pour la chasse au sous-marin, les coups de canon, les aéroplanes descendus, l'explosion du château-fort, l'éventrement du sous-marin... Mais, quand on prodigue ainsi toutes les ressources du fantastique au cours de onze épisodes, que restera-t-il pour le dénouement qui doit renchérir encore sur cette débauche d'horrifiques aventures ? Une femme qu'on étrangle ; plus loin, dans le caveau des tortures, un homme ligoté sous la descente d'un couperet qui, seconde par seconde, d'un mouvement fatal, se rapproche et peu à peu l'entame ; enfin, car il faut bien que les scélérats soient punis et la morale vengée, un homme qui

(1) *Voleur de femmes*, grand roman-cinéma en douze épisodes, adapté par P. d'Ivoi et L. d'Hée, édité par Fox Film ; publié en feuilleton dans *l'Éclair* en 1921.

expire empalé sur un pieu de fer, et une femme brûlée vive, dans d'effroyables convulsions. Nous sommes au comble de l'horreur, à la limite extrême de l'atroce. Jadis, les bonnes femmes de Chambéry qui allaient, au petit jour, voir tomber la tête d'un assassin, prévoyant qu'elles reviendraient toutes « retournées », mettaient à mijoter sur leur fourneau un petit pot de bouillon pour se ravigoter au retour. De quel cordial n'aura-t-on pas besoin au sortir de semblables spectacles ?

Trop de causes ont déjà contribué à diminuer la résistance nerveuse de la génération présente. La guerre avec tout son cortège d'angoisses est venue s'ajouter à l'usure fatale qui résulte des conditions trépidantes de la vie moderne. Sachons, du moins, nous défendre contre toutes les émotions malsaines qui ne tendent à rien moins qu'à ruiner la santé morale des âmes et à aggraver cette menace de neurasthénie qui demeure suspendue sur tous les organismes appauvris. La loi a proscrit l'absinthe, la police donne la chasse aux vendeurs de « coco ». Que ne veille-t-elle sur les spectacles qui collaborent à la même œuvre d'intoxication sociale ?

II. — LES REMÈDES

Au terme de ce réquisitoire, on s'attend peut-être à ce que nous réclamions la peine de mort : la fermeture des cinémas. Pareille exigence n'aurait d'abord aucune chance de succès. On crierait au fanatisme, et *Intolérance* pourrait s'enrichir d'un épisode de plus. Faut-il se contenter de stigmatiser le mal et puis de gémir ? Voilà longtemps qu'on gémit sur bien des maux, sans que ces gémissements aient guéri d'aucun. Mais. entre le radicalisme qui n'est pas de saison et la résignation passive qui ne l'a jamais été, le champ est libre à l'action, à l'action organisée, à l'action concertée.

Suppressions et Répressions Commençons par exiger la suppression des films particulièrement nocifs. Cette mesure de salubrité morale avait été l'objet de la proposition déposée, le 28 juin 1917, par M. Fernand Rabier, au nom de cent cinquante-sept de ses collègues à la Chambre des députés. Au terme de cette résolution solidement motivée, le gouvernement était « invité à interdire par tous les moyens qu'il lui appartiendra, l'exhibition de films cinématographiques représentant des drames policiers, des crimes, des vols, des agressions à main armée. »

La chambre adopta sans débat cette proposition. Malheureusement, elle s'en tint à cette mesure de réprobation platonique, et le gouvernement ne semble guère avoir tenu compte de cette mise en demeure. Les films policiers, les aventures sanglantes continuèrent comme par le passé à tenir l'écran. Il suffirait d'en appeler au témoignage des affiches si nous n'avions déjà signalé deux documents qu'il importe de rappeler ici.

En 1920, à l'issue de la session, le jury de la cour d'assises du Nord, ému de la multitude de jeunes criminels qu'il avait eu à juger, remettait au président un vœu demandant qu'une censure sévère soit excercée sur les films cinématographiques et empêche la projection de scènes de meurtres ou de crimes (1).

Chargé par la Commission de réglementation et de perfectionnement du cinématographe de présenter un rapport au ministre de l'intérieur, M. le sénateur Étienne Flandin ne concluait pas différemment. Avec sa haute conscience de magistrat et le sentiment de sa responsabilité d'homme public, M. Flandin avait tenu à s'entourer de tous les éléments d'information de nature à préciser les ravages auxquels les pouvoirs publics se devaient d'opposer une digue. Nous avons fait plus d'un emprunt à cette étude si documentée et si navrante aussi. Concluant son exposé, M. Flandin proclamait qu'on ne pourrait laisser le cinématographe affranchi de tout contrôle « sans créer un véritable péril social ». En conséquence, repoussant la proposition de M. Benoît-Lévy, qui offrait d'instituer un visa spécial pour les films pouvant être vus sans inconvénient par les enfants, le rapporteur se prononçait pour le triage des films et non des spectateurs et proposait l'institution d'une Commission de contrôle, relevant du ministère de l'Instruction publique et des Beaux-Arts, dont il s'attachait à définir le rôle et à fixer les prérogatives. Ces dispositions étaient introduites dans un projet de décret soumis à l'approbation du ministre.

(1) L'*Éclair* du 2 Novembre 1920.

Cet acte clairvoyant et courageux n'obtint pas le résultat qu'il méritait. Le rapport fut enterré, il ne fut même pas imprimé. Quant au décret (1), le texte proposé par le rapporteur fut si profondément modifié qu'il ne gêne guère ceux dont il était précisément destiné à réfréner les audaces. Une Commission de censure des films a bien été instituée ; mais son activité est si peu apparente que, dans son interpellation du 10 juin 1920, M. le sénateur de Lamarzelle put affirmer qu'elle n'agissait pas, et qu'en ce qui concernait spécialement la moralité, elle aurait reçu l'ordre de s'en désintéresser (2).

Ce qui a été obtenu jusqu'à présent des pouvoirs publics étant notoirement insuffisant, il importe d'engager de nouvelles campagnes jusqu'à ce qu'enfin soient prises les mesures vraiment efficaces qui permettront à l'enfance et à la jeunesse de jouir impunément d'un divertissement qui est avant tout fait pour elles. En Hollande, en Belgique, en Allemagne, en Italie, en Scandinavie, de nombreuses restrictions existent déjà. En Suisse, depuis peu, l'entrée des cinémas publics est interdite aux adolescents de moins de seize ans (3) et il ne s'agit point là, paraît-il, de mesure platonique, un contrôle sévère pourvoit à l'application de la loi. Les enfants, du reste, ne sont pas privés, ils ne sont que préservés ; car Genève a fait construire une vaste salle où, chaque semaine, plusieurs milliers d'écoliers peuvent jouir gratuitement de leur plaisir favori ; le même système a déjà été appliqué dans 40 p. 100 des écoles communales.

Si efficace que puisse être le régime des exclusions, il laisse cependant subsister le danger : c'est le principe de la part du feu. Aussi donnerons-nous notre préférence à une législation qui atteindrait directement les producteurs de films. L'exemple des États-Unis mérite de retenir l'attention des législateurs français. Le docteur Wilbur F. Crafts, superintendant de l' « International Reform Bureau », à Washington, vient de proposer un bill ponr la censure des films qui a reçu l'adhésion

(1) *Journal officiel* du 2 août 1919, p. 8055.

(2) *Journal officiel* du 11 juin 1920, p. 929.

(3) *Echo de Paris* du 20 juillet 1921. Même interdiction en Belgique : loi du 1er septembre 1920 et arrêté royal du 10 novembre de la même année. **Cf.** *Pasinomie*, 1921, n° 127.

de la « National Association of the Motion Pictures Industry (1) ». Ce projet a sur beaucoup d'autres l'avantage de tracer nettement les attributions de la Commission de contrôle qu'il institue. Une liste noire est dressée, et le rôle des commissaires se bornera à refuser le visa aux films qui rentreraient dans l'une ou l'autre des catégories proscrites. Espérons que le bill américain deviendra loi d'État, et que la loi atteindra directement la production : du même coup, nous serions préservés contre toute la marchandise frelatée d'outre-mer. Espérons surtout que l'exemple de la grande démocratie américaine inspirera aux législateurs français un égal souci de la moralité publique et un pareil respect de l'enfance.

Luttons contre l'importation étrangère L'assainissement de l'écran ne serait pas complet, si nous ne tendions pas à le préserver de l'invasion de la marchandise étrangère. Il est un fait qu'actuellement la cinématographie française est tributaire de l'étranger pour les trois quarts de sa consommation (2). Au premier rang parmi nos fournisseurs, figurent les États-Unis. Presque ignorés avant la guerre, les films américains ont rapidement envahi les cinq parties du monde, et les compositions de D. W. Griffith tiennent l'écran partout où il y a un cinéma.

C'est d'Amérique que nous sont venus *Forfaiture, Intolérance, le Lys brisé, les Proscrits* et mille autres scénarios qui connurent une éphémère célébrité. Ce monopole, outre qu'il accroît dans de fantastiques proportions l'exode de nos capitaux, n'est pas sans danger pour la culture française. A nous mettre exclusivement à l'école de cette pensée américaine, de cette philosophie américaine, de cette esthétique américaine, de ces gestes yankees, nous n'avons pas grand'chose à gagner et sûrement beaucoup à perdre. Je sais bien que l'Américain, homme d'affaires avant tout, s'ingéniera à nous emprunter de nos propres marchandises pour nous les repasser après les avoir marquées de son estampille. On tournerait, paraît-il, aux États-Unis, *les Trois Mousquetaires.* Ils nous arriveront

(1) *La Cinématographie française.* n° 135, 4 juin 1921, p. 8 et 17.

(2) Voir une bonne étude sur les pays producteurs de films, dans *la Cinématographie française,* n° 136, 11 juin 1921, p. 14-26.

prochainement ; mais je ne sais s'ils seront précédés de la réjouissante annonce qui organise là-bas le futur succès du film à sensation : « *les Trois Mousquetaires*, le film dans lequel joue actuellement Douglas Fairbanks, a été mis en roman par un écrivain nommé Dumas qui a admirablement saisi l'esprit du film. On peut se procurer cette adaptation dans toutes les librairies (1) ». On dit cependant qu'il y a des limites à tout...

Si nous devons restreindre, dans la mesure du possible, l'importation du film américain, à plus forte raison devons-nous fermer nos portes à la production allemande. A l'heure qu'il est, la menace d'invasion s'accentue : l'Allemagne fait un effort considérable pour s'emparer du marché européen. « La célèbre U. F. A., patronnée par Krupp, les grandes banques et tous les pangermanistes, appuyée par le gouvernement, a pu acheter quatre mille cinématographes ; non seulement en Europe, mais dans tous les pays du monde. Elle cherche actuellement à accaparer les grandes firmes italiennes et à s'allier avec celles d'Amérique et d'Angleterre (2) ». La France n'est pas oubliée dans l'active propagande que l'Allemagne a su habilement instaurer pour lancer sa marchandise : c'est ainsi que son plus important journal cinématographique, la *Lichtbild-Buehne*, publie trois éditions, dont une mensuelle *Film-Express*, rédigée en trois langues : anglais, français et espagnol (3). Nous n'aurons pas seulement à nous défendre contre l'obséquiosité du placier qui ne tardera pas à suivre les catalogues et les réclames ; déjà la contrebande s'infiltre parmi nous. Comme ses Berthas, l'Allemagne sait camoufler ses films. Il n'y a pas bien longtemps que *la Princesse des huîtres*, baptisée *Miss Milliard* pour lui donner un faux air américain, a forcé les barrages et s'est exhibée sur un écran parisien (4). La tendance nettement pornographique de ce film nous renseigne sur la valeur de l'exportation qu'on nous destine. L'Allemagne, qui nous inonde de sa « coco », ne reculera devant aucun

(1) *L'Éclair* du 13 juillet 1921.

(2) *Bulletin municipal de la ville de Paris*, 20 janvier 1921, p. 434. Cf. *la Cinématographie française*, n° 136, 11 juin 1921, p. 20.

(3) *Le Courrier cinématographique*, n° 23, 4 juin 1921, p. 5.

(4) *La Libre Parole* du 12 mars 1921.

moyen pour aider à la décomposition morale chez nous. Elle portera « son effort destructif sur la fabrication de ces mitrail-leuses de paix à bandes pelliculaires qui, pour ne projeter que des idées, n'en sont pas moins aussi meurtrières que celles qui projettent des balles (1) ». A nous de faire bonne garde et de dénoncer, partout où elle paraîtra sur l'écran, la production germanique.

Groupons les efforts catholiques — Quels que soient les résultats qu'on puisse attendre des efforts qui seront faits pour lutter contre le film corrup-teurs et pour réduire l'importation du film étranger, ces mesures négatives seront insuffisantes pour moraliser l'écran. Comme il fallait s'y attendre, le cinéma français est déjà la proie de la juiverie (2). Le groupe Benoît-Lévy contrôle cent soixante-dix salles et possède des options sur une centaine d'autres ; il a mis sur pied une organisation de production, de fabrication et de location de films. Son rêve serait d'organiser un trust français du cinématographe, sous le couvert de la « Société financière des cinématographes », société anonyme au capital de 15 millions, dont le siège social est à Paris, 4 rue d'Aguesseau.

Ce que les juifs entreprennent, pourquoi les catholiques ne l'essayeraient-ils pas ? Sans doute, ils ne disposent pas des millions qu'Israël mobilise par dizaines dès qu'il flaire une affaire de grand rendement. Mais les millions sont-ils si néces-saires ? Et s'agit-il bien de création ? Il existe déjà, presque dans tous les pays, des organisations catholiques plus ou moins puissantes, dont les unes bornent leur activité à revoir et à expurger le film commercial pour composer avec la marchandise prise sur le marché mondial des programmes corrects ; d'autres, plus ambitieuses, visent à la production du film catholique, depuis la bande instructive ou simplement inoffensive jusqu'à la composition apologétique, destinée à continuer par le moyen de l'écran la formation religieuse et morale des spectateurs qu'il est impossible d'attirer à l'église et qu'il faut se résigner à aller chercher là où ils fréquentent.

(1) *Bulletin municipal...*, p. 434-435.

(2) *La Libre Parole* des 28 avril et 3 mai 1921.

C'est ainsi qu'il existe, en Angleterre, une vaste entreprise de cinéma sur camions automobiles (1). Nous voyons pareillement, mais avec une nuance officielle en plus, dans la république de Panama, le président et l'évêque prendre en commun l'initiative de fonder une société pour l'achat et l'exploitation de films édifiants et instructifs.

En Amérique encore, le « National Catholic Welfare Council », qui représente 20 millions de catholiques américains, mène une vigoureuse campagne contre la démoralisation par le cinéma. Plus près de nous, à nos portes, les catholiques italiens, qui avaient débuté en subventionnant de belles œuvres comme *Christus*, *Quo vadis*, *Fabiola*, et en créant une agence de location pour films honnêtes, sont allés plus loin dans la voie des réalisations. La société éditrice « San Marco Film (2) », dont le cardinal Granito di Belmonte s'est fait le promoteur enthousiaste, fonctionne avec l'approbation explicite du Saint-Siège et a déjà à son actif de bien belles œuvres, dont la plus célèbre est *l'Inviolable*, mise en scène dramatique du secret de la confession.

En France, les initiatives catholiques n'ont pas manqué : nous avons le « Bon Cinéma », le « Bon Film », la « Bonne Presse », et combien d'autres encore. Mais, dispersées, s'ignorant les unes les autres, ces entreprises ne répondent ni à l'immensité des besoins, ni aux possibilités qu'elles pourraient grouper dans le but d'une action commune.

Je sais bien que des essais de consortium de bons cinémas ont été lancés maintes fois (3) ; mais les programmes en sont généralement trop vagues pour recueillir autre chose que des adhésions purement nominales. Le cinéma catholique devrait être avant tout envisagé comme une « affaire » et monté comme une entreprise. En groupant la clientèle, en centralisant la commande, l'entreprise arriverait à opposer au trust de la fabrication un important trust d'acheteurs et à

(1) *The catholic educational Cinema Company*, F.-J. Janton manager, Brownlow House, 50-51, High Holborn, London, W. C. 1.

(2) *La Libre Parole* du 19 juin 1920. Voir la lettre de S. Ém. le Cardinal sous-secrétaire d'État du 24 février 1919, publiée par *Cinéopse*, juillet 1920, p. 471.

(3) Témoin, notamment, la campagne de Paul Vergnet dans *la Libre Parole*.

faire prévaloir ses exigences sur le marché mondial du film. Représentant un chiffre énorme d'affaires, elle imposerait sa loi aux metteurs en scène qui trouveraient tout avantage à ne point choquer de si gros clients.

Mais il y a plus, le groupement ne se contenterait pas d'exercer de la sorte une contrainte morale sur la fabrication industrielle en l'obligeant à plus de tenue et de décence. Pourquoi ne viserait-il pas à se suffire par lui-même ? Pour cela, il faudrait s'affranchir résolument de tout préjugé régional, de tout exclusivisme national. Supposons que les différentes sociétés cinématographiques catholiques existant, je ne dis pas dans le monde entier, mais du moins dans cinq ou six grands pays, par exemple, la France, la Belgique, l'Angleterre, l'Italie, l'Espagne, le Canada, mettent en commun leurs organisations et leurs capitaux, du coup le problème de l'édition de films catholiques sera résolu, car ce seraient à la fois les fonds et les débouchés assurés.

Le Programme de « l'Étoile » Verrons-nous se réaliser cette concorde qui nous libérera d'un vasselage humiliant et si souvent dangereux ? Qui sait ? Je ne sais si je ne me trompe, mais il me semble voir poindre à l'horizon l'étoile qui pourrait bien être le signe de ralliement pour tous ceux qui, chez nous et hors de chez nous, cherchent leur orientation dans cet apostolat nouveau par le film et l'écran.

Sous ce nom d'espérance s'est, en effet, fondée à Lyon, au lendemain de la guerre, une société cinématographique dont le programme renferme déjà, à l'état d'embryon, l'organisation dont nous esquissions le principe « L'Étoile (1) » se propose de lutter contre le cinéma pernicieux. Dans ce but, elle offre aux cinémas déjà nombreux installés dans nos œuvres catholiques des films expurgés permettant de composer d'agréables séances récréatives, exemptes de tout péril pour les spectateurs petits et grands, sans sacrifier ni l'intérêt ni la perfection technique du spectacle. A ce lot de films achetés

(1) *L'Étoile*, Lyon, 12, rue Sainte-Hélène ; Paris, 49, boulevard Saint-Germain.

et modifiés par ses soins, elle joint une autre série de films inédits d'une valeur instructive et artistique capable de rivaliser avec les meilleures productions et dignes de lui attirer la clientèle des grandes salles publiques. Pénétrer dans ce milieu pour l'assainir est, en effet, le second but que se propose « l'Étoile ». Enfin, elle ne se contente pas de ce rôle de pourvoyeuse ; son ambition est de créer le plus grand nombre possible de cinémas catholiques, surtout dans les centres ruraux encore dépourvus de cinéma. Si le cinéma catholique est le premier à y prendre place, il aura le maximum de chances de succès. Bien plus, son existence préviendra l'installation d'un concurrent. Et, de la sorte, étant le seul, il attirera les indifférents et donnera le moyen de les atteindre.

Le plan est certes bien conçu. Réalisé avec une prudence et une largeur de vues qui dénotent dans son organisateur, M. P. Bidault, un administrateur de toute première valeur, il a déjà donné des résultats très encourageants. C'est ainsi qu'au cours du dernier semestre, du 1er octobre 1920 au 31 mars 1921, « l'Étoile » a pu founir neuf cent soixante-seize programmes complets. La clientèle est donc venue. Quant à la pénétration dans les grandes salles publiques, elle s'organise et se généralisera de plus en plus, au fur et à mesure que l'agence catholique sera à même d'offrir à ces clients d'occasion un grand nombre de films dont elle se sera assuré l'exclusivité. Déjà la *Vie du Christ, Esther, Victime, Saint-Sébastien, la Marseillaise* ont eu les honneurs de l'écran dans nombre de salles peu accoutumées à donner leur clientèle à la production catholique. Enfin, grâce à la fourniture d'appareils spéciaux, « l'Étoile » crée de nouveaux cinémas partout où elle peut atteindre : dans la seule région lyonnaise, elle en installait vingt-cinq en quelques mois ; le service de vente et d'installation s'organise à Toulouse et à Paris.

L'essai est donc concluant. La clientèle est venue, les stocks s'accumulent, les séries d'inédits, propriété de l'agence, s'enrichissent d'œuvres magnifiques. La question financière se résoudra comme les autres : les capitaux ne manqueront pas à une œuvre qui est menée avec ce juste tempérament d'audace et de prudence qui fait le succès des affaires.

L'Avenir du Cinéma catholique — Nous avons voulu attirer l'attention sur cette initiative pleine de promesses, d'abord pour susciter, dans les différents pays catholiques, des entreprises semblables. Ce qui a réussi à Lyon réussira partout ailleurs. Un premier pas sera fait du jour où une demi-douzaine, une douzaine d' « Étoiles » fonctionneraient. Puis, comme les étoiles se groupent en constellations pour poursuivre de conserve leur route, il faut bien espérer que ces œuvres diverses, mais nées de la même pensée et répondant au même but, s'entendraient pour former, elles aussi, une constellation unique. Le jour où cette union se réaliserait, sous quelque forme qu'on la conçoive, le problème du cinéma catholique se trouverait résolu. Ce que chacune des agences sœurs serait impuissante à réaliser par elle-même céderait devant leurs efforts concertés. L'édition du film, qui à cette heure est une impossibilité en raison des capitaux qu'elle exige, n'arrêterait plus un syndicat d' « Étoiles » qui pourraient mettre en commun les fonds comme elles se prêteraient leur clientèle pour assurer l'amortissement des dépenses.

Dieu veuille que ce rêve ne soit pas qu'un rêve ! S'il se réalisait, — et pourquoi ne se réaliserait-il pas ? — une fois de plus l'Église aurait tiré le bien du mal, et le cinéma assaini, purifié, redeviendrait un précieux instrument d'éducation et d'instruction, sans rien perdre de l'attrait qui fait sa fortune.

TABLE DES MATIÈRES

	Pages
La fortune du Cinéma.	1
Le Cinéma éducateur.	4

I. — LE MAL
1. — L'Ecole du Crime

La Marée montante du crime.	4
Un exemple.	5
Comment on devient assassin.	6

2. — Le Péril pour les Mœurs

La leçon du vice.	8
L'amour et le geste.	9
Fatalité et irréligion.	11

3. — L'usure nerveuse

Le danger du factice et de l'irréel.	13
La séduction de l'aventure.	14
Les brutalités de l'écran.	16

II. — LES REMÈDES

Suppressions et Répressions.	17
Luttons contre l'importation étrangère.	20
Groupons les efforts catholiques.	22
Le Programme de « l'Étoile ».	24
L'Avenir du Cinéma catholique.	26

Verneuil-sur-Avre (Eure). — Imp. Henri Turgis.

BROCHURES JAUNES de l' « Action Populaire »

Prix établis à raison de 0 fr. 50 les 16 pages :

Jusqu'à 16 pages, l'unité 0 fr. 50 ; — de 16 à 32 pages, 1 fr. ;
de 32 à 48 pages, 1 fr. 50 ; au-dessus de 48 pages, 2 fr., franco.

SÉRIE SOCIALE   *Brochures déjà parues :*   **MAI 1921**

1. — A. P. — *L'Action Populaire. Son histoire* . . . 16 pages.
2. — H. du Passage. — *Les tendances et les variations du Syndicalisme révolutionnaire* . . . . . 24 —
3. — H. du Passage. — *La Révolution économique et la transformation sociale* . . . . 24 —
4. — H. du Passage. — *L'avenir du Syndicalisme* . . 24 —
5. — A. P. — *Conseils à nos Cercles d'études.* . . . 20 —
6. — L. Barde. — *Vers le Socialisme agraire* . . . 48 —
7. — Mlle Carsignol. — *La formation sociale des jeunes filles* . . . . 16 —
8. — A. P. — *Petite histoire des travailleurs.* . . . 68 —
9. — A. P. — *Les Offices centraux au service des œuvres* 44 —
10. — A. P. — *L'A. B. C. de la petite épargne.* . . . 22 —
11. — A. P. — *La Caisse autonome des mineurs* . . . 20 —
12. — A. P. — *Les Actions de travail.* . . . . . . 16 —
13. — R. Schuman. — *La tâche sociale des Syndicats patronaux* . . . . 16 —
14. — J. Berteloot. — *Instituts professionnels et Collèges indépendants* . . . . 24 —
15. — P. Coulet. — *L'Église et le Problème social* . . 24 —
16. — P. Coulet. — *La Doctrine catholique du Travail salarié* . . . . 32 —
17. — P. Coulet. — *La Doctrine catholique du Capital* 32 —
18. — P. Coulet. — *La Doctrine catholique de la Paix sociale.* . . . . 32 —
19. — Fédér. des U. S. F. — *La Fédération française des Unions des Syndicats féminins.* . . . 16 —
20. — P. Séjalon. — *Apprentissage et éducation.* . . 20 —
21. — A. P. — *La loi sur la journée de huit heures* . 12 —
22. — P. Durand. — *Petit guide pratique des Habitations à bon marché.* . . . . 40 —
23. — A. Stauder. — *L'Expérience bolcheviste en Hongrie* . . . . 16 —
24. — J. Zamanski. — *La participation des salariés à la gestion et aux bénéfices de l'entreprise* . . 16 —
25. — L. Roure. — *Atonie et Alcoolisme.* . . . . . 16 —
26. — Alb. Valensin. — *Le principe d'autorité et les exigences sociales du temps présent* . . . 24 —
27. — P. Durand. — *Ce qu'attendent nos Cheminots* . 24 —
28. — A. Vermeersch S. J. — *" Syndicat " ... " Syndicat chrétien "* . . . . 16 —
29. — H. du Passage. — *Les ascendants intellectuels de la C. G. T.* . . . . 24 —
30. — Jean Hachin. — *Ce que tout agriculteur doit savoir des nouveaux impôts directs.* . . . 16 —
31. — L. Roure. — *Une forme intégrale d'éducation familiale et ménagère.* . . . . 32 —
32. — P. Durand. — *Qu'est-ce qu'une banque ?* . . . 48 —
33. — H. du Passage. — *Ce que le Socialisme tient de J.-J. Rousseau* . . . . 16 —
34. — A. P. — *L'Activité des « Jeunesses socialistes »* . 16 —
35. — L. Guizerix. — *Ce que touchent nos fonctionnaires* 16 —
36. — P. de la Rochefoucauld. — *Le Comité d'initiative rurale* . . . . 12 —

37. — A. Albaret. — *Quel parti tirer de la loi Astier*. 32 pages.
38. — R. Delair. — *Petits Produits, gros Profits.* . . 36 —
40. — A. P. — *Problèmes ruraux* . . . . 20 —
41. — L. Barde. — *Socialistes et petits propriétaires paysans* . . . . 16 —
42. — A. Danset. — *Politique patronale, politique ouvrière* (plans en cours de publication) . . 16 —
43. — A. P. — *Les Internationales politiques et syndicales* 16 —
44. — P. Durand. — *Petit guide pratique du parfait Conseiller-Prud'homme* . . . . 12 —
45. — J. Dassonville. — *Un Syndicat catholique de Voyageurs de commerce au Canada français* 16 —
46. — P. Verschave. — *L'organisation sociale des catholiques hollandais* . . . . 16 —
47. — A. Albaret. — *Les projets relatifs à l'« Ecole unique »* . . . . 16 —
48. — A. P. — *Le rapprochement des classes* . . . . 12 —
49. — J. Dassonville. — *La formation professionnelle des professionnels par la profession* . . . 56 —
50. — H. du Passage. — *Le problème du bénéfice* . . 36 —
51. — A. P. — *Les organisations socialistes en France.* 20 —
52. — A. P. — *La mutualité agricole* . . . . . . 26 —
53. — P. Durand. — *Comment lire un Bilan ?* . . . . 13 —
54. — A. P. — *La législation internationale du Travail.* 24 —
55. — N. S. Gillet, O. P. — *Les vertus morales nécessaires à la production* . . . . 16 —
56. — X. Lauras. — *Organisation et rénumération du du travail* . . . . 20 —
57. — R. P. Racot. — *L'organisation sociale des catholiques belges* . . . . 32 —
60. — M. Langlois. — *La « Bibliothèque pour tous ». Pourquoi ? Comment ?* . . . . 16 —
61. — J. Dassonville. — *Les vides à combler ; les ruines à relever* . . . . 8 —
62. — P. Doncoeur. — *Le « Fayolisme »* . . . . . . 36 —
63. — R. P. A. Muller. — *La Production et ses agents* 24 —
64. — A. Michelin. — *L'Union Centrale des Syndicats féminins de l'Abbaye* . . . . 16 —
65. — M. Dubruel. — *Le Clergé et les œuvres sociales.* 24 —
66. — A. P. — *Les Assurances sociales.* . . . . . 50 —

série morale et religieuse   *Brochures déjà parues :*

501. — L. de Grandmaison. — *La Théosophie* . . . . 56 pages.
502. — L. de Lorme. — *L'Apostolat à la Caserne* . . 32 —
503. — L. de Lorme. — *Le bon exemple à la Chambrée.* 32 —
504. — J. Rullier. — *L'idée de Patrie* . . . . . . 24 —
505. — Capitaine M. — *La Crise de l'Autorité et l'Armée future* . . . . 24 —
506. — H. Auffroy. — *Le Célibat des Prêtres* . . . . 32 —
507. — Y. de la Brière. — *L'enseignement secondaire des jeunes Françaises* . . . . 20 —
508. — M. d'Herbigny. — *Assurons aux Russes des prêtres catholiques russes* . . . . 32 —
509. — A. P. — *Questions morales, questions religieuses* (Dix plans variés) . . . . 80 —
510. — J. Huby. — *Saint Luc* . . . . 32 —
511. — J. Huby. — *Saint Matthieu* . . . . 32 —

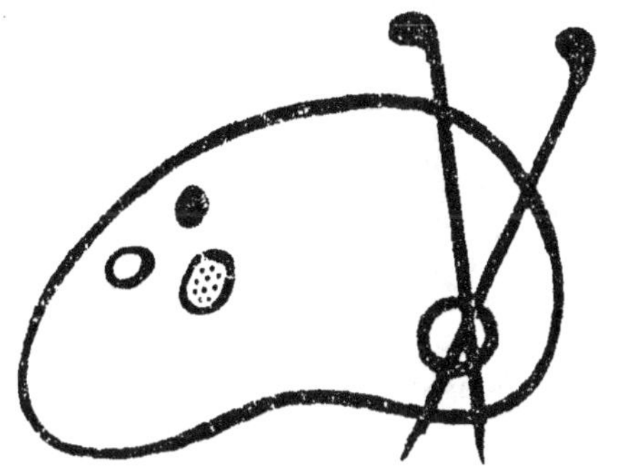

Original en couleur

NF Z 43-120-8

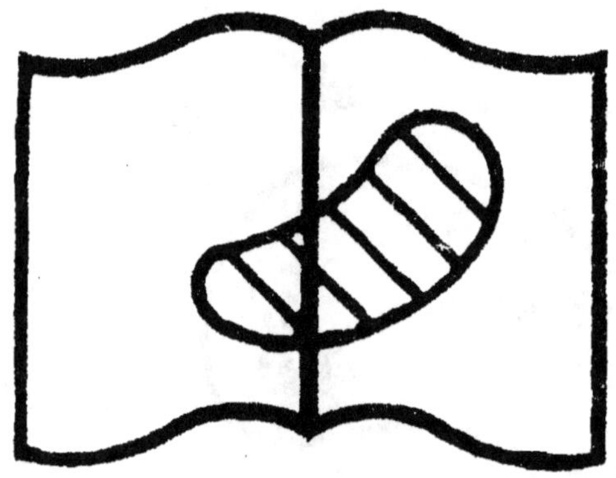

Illisibilité partielle

Françaises

Études et monographies sociales
(6e mille)

Un volume in-12. Prix : 2 fr. 50 ; franco, 2 fr. 80.
Ouvrage très recommandé pour les Cercles d'études de
Jeunes Filles

Institutrices de France

ÉTUDES ET MONOGRAPHIES

Première partie : LA PROFESSION

Situation et influence sociales. — Mon Ecole normale. —
L'Ecole de formation sociale de Charonne. — L'Ecole mater-
nelle libre. — Syndicats d'institutrices.

Deuxième partie : LA VIE AU JOUR LE JOUR

La mission d'une institutrice. — Institutrice laïque. — Ma
carrière d'institutrice libre. — Et la mienne. — Dévouement
tranquille. — Célibat? Mariage? — La vie intellectuelle. —
Une attitude morale. — A l'Ecole : toutes à toutes. — Au lendemain de l'Ecole. — Vacances et repos.

Un volume de 400 pages — Prix : 2 fr. 50; franco : 2 fr. 80

LE SYNDICALISME

Son origine — Son organisation — Son rôle social
par O. JEAN

(Commandant Jean OURSEL, Chef de Bataillon du Génie)

Tué à l'ennemi le 17 août 1916

Un volume in-12 : 1 fr. 75 franco
(14e mille)

Edition nouvelle remise à jour

Les Corporations au moyen-âge; La loi Chapelier (1791) Ses conséquences.	Le Syndicat et les Coopéra-tives de production et de consommation.
La loi de 1884 et ses amélio-rations possibles.	Le Syndicat et la vie profes-sionnelle de l'ouvrière.
La législation sociale.	
Le Syndicat, organe de paci-fication et d'organisation.	Le Syndicat et la Mutualité. L'esprit syndical.